ORIGINE

DE LA PAROISSE

DU PONT-TRAMBOUZE

PAR

Aubin MOUSSIER

LYON

IMPRIMERIE CATHOLIQUE

30, Rue Condé, 30

LYON

PRÉFACE

En écrivant ce petit ouvrage, je n'ai eu d'autre but que de faire connaître à la postérité l'origine de la paroisse du Pont-Trambouze.

Les enfants, les petits-enfants, les générations en un mot, éprouvent toujours un grand plaisir à relire le récit ayant trait au pays qui les a vus naître et le détail de son origine.

Combien de communes en France voudraient savoir comment, par qui et quand a été posée la première pierre de la première église de leur paroisse !

Ou cela n'a pas été écrit, ou, s'il l'a

été, la nuit des temps l'a détruit et la postérité en a été privée.

Puissent mes lecteurs comprendre l'importance de mon ouvrage et le conserver scrupuleusement.

Nos survivants le transmettront à leurs descendants, et ceux-ci à d'autres ; les générations futures pourront, les habitants du pays surtout, se rendre compte comment leur paroisse et leur église ont pris naissance.

AVIS AU LECTEUR

Pour que dans un discours on trouve du solide,
Il faut qu'à chaque pas la vérité préside.

Mes lecteurs voudront bien se persuader que tout ce que je me propose de dire dans ce petit ouvrage est la pure vérité.

Dès l'année 1853, bien avant la fondation de l'église du Pont-Trambouze et depuis, j'ai été initié dans les affaires et projet de construction ; j'ai vu et entendu la plus grande partie de ce qui s'est fait et dit à ce sujet.

Habitant le pays, j'ai pu suivre de près toutes les circonstances favorables et défavorables à l'érection dont je veux vous entretenir ; vous pouvez compter sur l'authenticité de mes paroles et vous convaincre que la paroisse récente, dont je viens par ce récit vous certifier la date, ne remonte pas à une époque plus ancienne que celle du 28 mars 1858, jour où le le prêtre y officia pour la première fois.

la peine y attaché pour la première fois.

Delivré depuis, j'ai pu m'assurer de sa bonne conduite ; favorable et défavorable, et il résulte de l'examen attentif de sa conduite qu'il s'est toujours bien comporté ; je puis même rendre sous l'entière responsabilité de son... et si vous en avez besoin, je serai par devoir son la premier à décerner... je puis en ce sens lui certifier la date, ne se serait pas à une époque plus ancienne que celle du 28 mars 1838, pour en... le prêter à celui pour lequel il est...

En foy... 1838, bien avant la condition de... à... Mont Liman... Paris. Les effets dans le... rappel des constitutions ; j'ai dû et je... serais le plus grande partie du ce qui s'est fait à cet... sujet.

Je le... conduit bien... pendant plus... que... en route, ma trompe, son ce qui et pas... de la pure vérité.

1835

Les habitants du Pont-Trambouze qui les premiers prirent l'initiative d'y construire une église, furent MM. Moncorger dit Pointon, propriétaires et cultivateurs, et M. Sirot-Mercier, fabricant.

Peu de temps après avoir conçu l'idée de ce projet, ils voulurent en conférer avec M. Philibert Moncorger, juge de paix à Thizy. Homme intègre et consciencieux, plein de justice et d'équité envers tous, il possédait alors la propriété située derrière l'église, et devait par là même être partie intéressée au projet formé par MM. Moncorger et Sirot.

Il adhéra volontiers à leurs sentiments et les encouragea de tout son pouvoir, après leur avoir promis appui et protection de sa part.

Il n'y avait alors pas de route dans nos montagnes; quant à l'emplacement de l'église, MM. Moncorger et Sirot se firent opposition, et bien que M. le juge de paix leur eût promis un fort et ferme appui, les choses en restèrent là faute d'entente; la Providence, paraît-il, ne leur avait point réservé le succès, et le moment fixé par sa sagesse n'était point encore arrivé.

Ce succès, comme on le verra tout à l'heure, fut réservé à leurs enfants.

1840

Nous étions alors sous le règne de Louis-Philippe. Ce règne fut un règne de paix; quantité de routes furent ouvertes en France, et celle de Thizy à Cours fut de ce nombre.

Les projets conçus en 1835 par MM. Moncorger et Sirot, revinrent à l'esprit de plusieurs habitants qui pensèrent alors combien une église serait à sa place dans la vallée. Plusieurs tentatives furent faites, toujours sans succès, faute de ressources ou de courage ; car les finances de ce temps n'étaient pas davantage des plus élevées, l'argent était rare, et les ressources bien réduites dans nos campagnes.

Je dirai encore que si le règne de Louis-Philippe fut un règne de paix, il fut aussi un règne malheureux pour la classe ouvrière qui, pendant plusieurs années, eut à souffrir de rudes privations, par suite d'un gouvernement peu stable, qui dura néanmoins dix-huit ans, tout en jouissant d'une minime et courte confiance.

Il est aussi à remarquer qu'à cette époque le nombre des habitations était bien restreint dans la localité avant l'ouverture de la route.

Je laisse ici à penser à mes lecteurs ce que devait ressembler l'emplacement du bourg du Pont-Trambouze avant la percée de cette route.

De plus, en supposant que les habitants de cette localité eussent pu alors réaliser leur projet, ils n'eussent certainement pu arriver à élever une église, ni sur le pied ni sur le plan de celle que l'on y voit, car depuis ce temps l'architecture a fait beaucoup de pas dans la voie du progrès. L'on ne voyait pas alors dans nos montagnes des églises d'un si beau style, nos pères n'en avaient que de très-basses, à une seule nef, et parfois humides et malsaines.

Un jour qu'en compagnie de gens sensés et honorables, je m'étonnais de la pauvreté de cet ancien style et que je me plaignais par là même de l'ignorance de nos aïeux, il me fut répondu, avec raison, que leur siècle fut un siècle de misère et de malheurs, traversé par des guerres sanglantes et incessantes, surtout par la révolution de 1793, et qu'enfin, chose plus triste encore et qui me navra le cœur, nos pauvres aïeux, me dit-on, n'avaient pas mangé toutes les fois qu'ils en auraient eu besoin.

1851

Au printemps de cette année, une circonstance qui ne pouvait qu'être favorable à la réalisation du projet eut lieu.

Mgr de Bonald, archevêque de Lyon, d'heureuse mémoire, traversa la colline du Pont-Trambouze, se rendant de Thizy à Cours, et rencontra sur son passage divers personnages de la localité.

L'un d'entre eux pria Son Eminence de vouloir bien s'arrêter un instant pour voir les lieux sur lesquels on désirait construire une église, avec son autorisation, si toutefois Son Eminence le jugeait opportun, vu la distance trop éloignée de l'église de Mardore et du bourg même le plus rapproché.

Monseigneur goûta d'abord ces raisons très-justes, et pensant que la création d'une paroisse intermédiaire entre Thizy et Cours serait assez convenable, et même d'utilité religieuse, encouragea autant que possible à mettre le projet à exécution.

Malgré le dévouement des auteurs du projet, et malgré ces encouragements, les choses en restèrent encore là pendant six ans, par suite de division des habitants qui ne pouvaient s'entendre : les uns la voulaient plus au nord, d'autres la voulaient plus au midi, et rien n'aboutissait.

1857

Enfin arriva l'année 1857 : elle parut être le commencement d'une époque plus favorable ; peut-être était-ce l'heure que la Providence avait marquée pour la réalisation du projet et mettre fin aux divisions inopportunes. C'est ce que nous verrons ci-après.

A MM. Moncorger et Sirot, dont j'ai parlé plus haut, succédèrent d'autres habitants intelligents et dévoués qui, comme on le verra plus loin, usèrent de leur influence et de leur énergie pour mener à bonne fin ce que ces premiers avaient cru devoir abandonner.

M. Benoît Chapon, négociant à Thizy, étant devenu possesseur de la propriété de M. Philibert Moncorger, fut l'homme que semble s'être choisi la Providence pour arriver à son but.

Il vint habiter cette propriété sur la fin de 1856, et sachant de quoi il était question depuis longtemps, étant des premiers intéressés, il employa tous les moyens pour arriver au but tant désiré, depuis 1835, par la majeure partie des habitants de la localité.

Cet homme intrépide s'inquiétait, proposait, engageait, surexcitait pour ainsi dire l'émulation de MM. Boland et autres propriétaires intéressés au projet.

Pour en finir, il essaya un jour de lever la difficulté relative à l'emplacement de l'église; pour cela lui et d'autres intéressés résolurent de prendre pour arbitre de leur différend M. l'abbé Cherpin, de Mardore, aumônier des armées françaises en Crimée, pendant la guerre de 1854 à 1856, et chevalier de la Légion d'Honneur.

Ce ne fut pas en vain que les yeux furent jetés sur cette poitrine décorée.

Ce digne ecclésiastique accepta volontiers et se rendit à l'invitation qui lui fut faite le 27 avril, chez M. Chapon, où il se trouva réuni avec d'autres intéressés, également convoqués dans le même but, et bientôt la question fut résolue.

Après avoir examiné les lots de terrain proposés par MM. Chapon et Boland, considéré la distance des hameaux qui pouvaient faire partie de la paroisse à créer, et entendu les observations de plusieurs, M. l'abbé Cherpin se prononça pour l'emplacement, tant de l'église que de la cure, là où nous les voyons aujourd'hui, comme centre de la paroisse et à l'entrée des principaux chemins.

Ces terrains appartenaient alors à MM. Etienne et Claude Boland, qui les cédèrent aussitôt par un acte de concession, qui fut dressé à l'instant, dans le domicile de M. Benoît Chapon.

J'écrivis moi-même cet acte sous la dictée de M. l'abbé Cherpin; il fut aussitôt signé par les dits frères Boland, sous la date du 27 avril 1857.

Dès les premiers jours de mai l'on commença à extraire la pierre. Plusieurs habitants se disputaient l'extraction des premières, toute la localité était dans la jubilation; les femmes surtout s'assemblaient le dimanche pour en transporter sur l'emplacement donné.

Pour diriger et conduire les travaux il fallut aussi quelqu'un de capable, d'expérimenté et d'autorisé. On y satisfit en établissant un conseil, et voici comment.

Mes lecteurs vont voir maintenant, par eux-mêmes, les enfants des premiers moteurs de cette église continuer l'œuvre que leurs parents avaient commencée dès l'année 1835.

Le 2 juillet de la même année 1857, M. Henri Sirot faisait convoquer pour le lendemain, dans l'après-midi, tous les électeurs de la localité, en les invitant à se rendre chez le sieur Roche-Lièvre, aubergiste, à seule fin de donner leur voix pour l'établissement d'un conseil de douze hommes les plus expérimentés pour conduire les travaux de l'église.

Cette invitation fut prise en considération si sérieuse que le lendemain, aux heures indiquées, 81 votants s'y rendirent, et dès 6 heures du soir le scrutin fut déclaré clos par M. Henri Sirot, qui en était le président, et M. Frédéric Fargea, vice-président, lesquels signèrent tous deux le procès-verbal qui constatait l'authenticité de ce vote, et me le firent aussi signer à moi-même, en qualité de secrétaire.

Je regardai cela comme un honneur qu'ils me faisaient en considération du peu de services et de dévouement que je leur avais montré pendant quatre ans, en travaillant à les mettre d'accord pour arriver au succès.

Voici les noms de ceux qui furent élus avec le plus grand nombre de voix :

MM. Boland Etienne.
Baron Claude.
Chapon Benoît.
Fargea Frédéric.
Gauthier Frédéric.
Moncorger Sébastien.
Moncorger François.
Moncorger Claude.
Pothier Claude.
Sirot Henri.
Sirot Irénée.
Thion Jean.

Ces douze conseillers désignèrent ensuite leur président, qui fut M. Boland Etienne.

M. Thion fut nommé trésorier.

M. Gauthier Frédéric fut reconnu capable d'être l'architecte.

Ce conseil, nommé dans la saison déjà un peu avancée, poursuivit les travaux de l'église jusqu'à un tiers la même année ; la première pierre en fut posée le 16 ou le 19 juillet.

Le 8 décembre suivant eut lieu la démarcation de la paroisse par M. Amiet, curé de Thizy, et M. Charondière, curé de Beaujeu, tous deux chanoines honoraires de la primatiale de Lyon, et délégués à cette fin par le Cardinal de Bonald.

Ces deux respectables vétérans du sacerdoce furent accueillis chez M. Benoît Chapon, avec tout l'honneur et le respect dus à leur caractère sacerdotal.

1858

Dès les premiers jours de cette année, les travaux de l'église furent repris et poussés avec la plus grande activité.

Pour les accélérer davantage, le chef du diocèse voulut bien accorder un desservant en nommant pour curé M. l'abbé Cruzille, vicaire de Mardore, qui se rendit à son poste le 25 du mois de janvier, et s'occupa de faire préparer un local provisoire, aussi décent que possible, pour pouvoir y officier, en attendant la fin de la construction de l'église dont les travaux se poursuivaient chaque jour avec toute l'ardeur possible.

Le dimanche des Rameaux, l'église provisoire fut trouvée disponible, les offices religieux y commençaient et la paroisse prenait dès lors naissance : c'était le 28 mars.

Les travaux de l'église ayant été vivement accélérés pendant le courant de l'été, elle put recevoir sa toiture dans le courant d'octobre et, le 7 novembre, M. Cruzille, curé, la bénissait et y officiait.

Sur sa demande, Mgr de Bonald la plaça sous le vocable de saint Vincent de Paul.

Peu de jours après l'installation de M. Cruzille, M. Etienne Boland concédait encore une partie de terrain pour le cimetière qui fut bénit le dimanche 2 mai, en présence de toute la paroisse.

Le premier corps qui y fut inhumé fut celui du sieur Jean Moncorger dit du Vignet, le 17 mai 1858.

1859

On officia tout l'hiver dans l'église, bien qu'elle ne fût pas même voûtée; ce ne fut qu'au mois de mai que les travaux des voûtes furent commencés et terminés en peu de temps.

Quant au clocher, il resta à la hauteur de l'église, faute de ressources, jusqu'en 1861, où les travaux en furent repris, et terminés en mai 1862.

1861

Trois ans s'étaient à peine écoulés depuis la création de la paroisse, que trois grands personnages de notre département, d'une haute intelligence et d'une belle grandeur d'âme, usaient de leur influence auprès du gouvernement de Napoléon III en faisant reconnaître la paroisse par l'Etat : ce furent M. le marquis d'Albon, M. Jean Suchel, chevalier de la Légion d'honneur et maire de Thizy, et M. Julien Lacroix, de Saint-Vincent-de-Rhins, tous trois hommes à grand talent, qui passèrent leur vie à travailler pour le bien public et la prospérité du pays.

1862

Au mois de mai de cette année les travaux du clocher étant terminés, on pensa à y faire placer deux cloches : la première, du poids de 525 kilog., fut un don de dame veuve Moncorger-Traclet, qui en fut la marraine, et le parrain fut M. Frédéric Gauthier, architecte de l'église.

La seconde, du poids de 275 kilog., fut aussi un don de dame Philiberte Brosselard, femme Cruzille et mère du premier curé; elle en fut la marraine, et le parrain fut M. Benoît Cruzille, son second fils, aussi prêtre.

La bénédiction de ces deux cloches eut lieu le 24 juin, en présence d'une foule de peuple accourue de toutes les paroisses voisines : la cérémonie fut présidée par M. Amiet, chanoine honoraire et curé de Thizy.

INTÉRIEUR DE L'ÉGLISE

L'intérieur de cet édifice répond assez bien à son extérieur : les voûtes sont cintrées en pierre de taille, avec rosaces sculptées. Onze vitraux peints la décorent : sur ce nombre, neuf sont dus au talent d'un artiste lyonnais. La table de communion, en fonte bronzée et dorée, traverse toute la largeur de l'église, et a été donnée par feu Jean-Baptiste Silvestre, du bas de Cours, par testament authentique.

Quant à l'extérieur, il y a un peu à blâmer sous le rapport de son élévation : quatre marches d'escalier pour y arriver lui eusseut donné bien plus de mérite et bien plus de grâce; en cela, l'architecte a failli même avec prévoyance : cet inconvénient fut prévu, mais les trop faibles ressources que l'on possédait alors furent le seul mobile qui poussa le conseil de fabrique à commettre cette faute si regrettable aujourd'hui : le regret certainement en est vif, mais le mal est tel qu'il ne peut se réparer.

LES BIENFAITEURS

De la charité chrétienne naissent souvent des prodiges, l'érection de cette église en est une preuve.

Commencée avec une souscription s'élevant à peine à 6,000 francs, elle a pu être menée à la dépense de 55,000, cela est positif et je parle d'après les renseignements donnés par M. l'architecte.

Cela étant réel, il faut en savoir gré et en remercier les paroisses circonvoisines qui, en pareille circonstance, se sont prêté un mutuel concours, par don de matériaux, charrois, bois de construction et le reste.

Je citerai avec reconnaissance pour les habitants du Pont-Trambouze, plusieurs familles notables de Thizy, si je ne craignais de blesser leur modestie et leur humilité. A leur générosité plus que pieuse vinrent se joindre celle de M. Julien Lacroix, de Saint-Vincent-de-Rhins, de Mme la Supérieure de l'hôpital de Tarare, connue sous le nom de sœur Sainte-Croix, de M. le marquis d'Albon, près Pontcharra, de Mme Noël Poizat, de Cours, de Mme veuve Despierre, de Jarnosse, de M. Gauthier, de Nandax, et de tant d'autres personnes généreuses et respectables, dont le souvenir s'est effacé de ma mémoire, qui montrèrent, en cette circonstance, combien elles portent intérêt à la religion et à tout ce qui se rattache à la décence du culte catholique.

L'on peut dire avec vérité que quatre ans s'étaient à peine écoulés depuis la fondation de l'église, que le contenu de la sacristie était estimé à la somme de 5,000 francs environ, grâce aux dames de l'Œuvre des Tabernacles établie à Lyon, dont la présidente était alors Mme de Morfouillet, grâce aussi à Mme Epitalon, présidente d'une même œuvre établie à Saint-Etienne, ainsi qu'à Mlle Françoise Malatray, du Bourg-de-Thizy, ancienne sacristaine de Sainte-Blandine à Lyon.

CONCLUSION

De tout ce que je viens de dire, il faut nécessairement convenir que l'église du Pont-Trambouze était absolument nécessaire à la localité.

Aussi tous les honnêtes gens n'eurent-ils qu'une voix pour applaudir aux décisions du premier pasteur qui l'autorisa, après en avoir reconnu l'urgence et l'oportunité.

Quel bien, surtout pour l'enfance obligée de suivre les catéchismes dans la saison d'hiver, n'ayant que des chemins rocailleux à parcourir pendant une heure !

D'autre part, le manque de bourg entre Thizy et Cours produisait un trop grand vide, une église seule combla cette lacune; et de toutes les paroisses que le cardinal de Bonald autorisa pendant son archiépiscopat, on doit compter celle-ci au nombre des plus indispensables, vu l'éloignement de toutes les autres qui l'avoisinent, ou qui lui sont mitoyennes.

NOTICE

SUR LA CHAPELLE DE BISSEROL

Non loin de l'église du Pont-Trambouze, sur une éminence appartenant au territoire de cette paroisse, existe une petite chapelle connue sous le nom de chapelle de Bisserol.

Elle fut construite, à ce que l'on en croit, en premier lieu, par les chevaliers de Malte, son origine peut remonter à l'époque de l'existence de ceux-ci ; elle était en 1840 une propriété de M. Jean-Claude Gauthier, et comme elle tombait de vétusté, il la fit reconstruire sur la recommandation d'une de ses filles mourante, qui lui dit un jour qu'elle mourrait contente s'il lui promettait de la faire reconstruire.

Dès son origine cette chapelle paraît avoir

été placée sous le vocable de saint Jean-Baptiste.

M. Gauthier avait trop de grandeur d'âme pour ne pas acquiescer aux dernières volontés de sa fille expirante ; doué d'une loyauté remarquable, il était respecté de tous ses concitoyens et apprécié dans la commune de Mardore.

Dès l'année 1840 ou 41, il faisait creuser les nouvelles fondations de cette chapelle.

L'on ne fut pas peu surpris alors de trouver autour des anciens murs, et surtout devant la porte et à peu de profondeur, quantité d'ossements humains ; des témoins oculaires disent même un tombereau : l'on verra tout à l'heure d'où provenaient ces ossements parmi lesquels l'on trouva aussi des pièces de monnaie à l'effigie de François Ier et d'autres à l'effigie de la croix de Malte, de plus une dizaine de chapelets en os gris, dont deux sont encore suspendus dans la chapelle.

Relativement à ces ossements, une discussion s'éleva alors entre M. Gauthier et M. Gallet, curé de Mardore, qui croyait avoir droit de les faire inhumer avec cérémonie au cimetière de la paroisse.

M. Gauthier ne voulut point entendre raison et préféra en référer au cardinal de Bonald, qui lui conseilla de faire pratiquer un caveau dans l'intérieur de la chapelle et de les y déposer, ce qu'il fit avec plaisir, trop satisfait d'avoir eu gain de cause à ce sujet auprès du Cardinal.

En dehors des ossements, M. Gauthier trouva encore dans le même moment une relique précieuse, sur laquelle il a toujours gardé un grand secret : ni ses amis ni sa famille n'ont pu savoir de lui quel était l'objet de cette trouvaille; il fit faire pour la contenir une caisse en bois de noyer, et l'y déposa après l'avoir enveloppée dans une belle nappe blanche qu'il avait fait préparer. Elle a été ensuite inhumée sous l'autel de la chapelle.

M. Gauthier est décédé emportant son secret dans la tombe, après avoir recommandé à ses enfants de ne jamais se dessaisir de cette chapelle. Ses dernières volontés à cet égard ont été qu'elle doit rester à la famille à perpétuité.

Quant à cette relique, tout porte à croire qu'elle doit être de saint Jean-Baptiste; quelques-uns même ont pensé que ce pouvait être la tête de ce saint, laquelle, d'après une vieille tradition, aurait été apportée dans la Gaule.

Enfin, d'après un manuscrit très-ancien, trouvé sur une poutre d'une ancienne maison, vers le milieu de ce siècle, il y aurait eu dans le XIIe siècle une abbaye à Bisserol, honorée de la visite du pape Innocent II, lequel visita aussi en même temps les abbayes de Clairvaux et de Cluny. Des guerres seigneuriales ou de religion l'auront détruite par incendie; les brigands descendirent la grosse cloche de son beffroi et ne purent l'emmener.

Presque tous les religieux furent égorgés le lundi de Pâques, en sorte qu'une pluie battante étant tombée le même soir, entraîna le sang dans la rivière et en fit rougir l'eau.

Ce vieux manuscrit, que l'on aurait dû conserver avec le plus grand soin, faisait connaître que les religieux qui échappèrent au massacre essayèrent en vain de reconstruire leur monastère, et que, n'ayant pu y réussir, ils se réunirent à ceux de l'abbaye du Bourg-de-Thizy, lesquels étaient de la dépendance de Cluny.

Depuis l'époque de ces massacres, cette chapelle est visitée le lundi de Pâques par un petit nombre de personnes, mais la tradition nous apprend qu'en 1757 le concours de personnes qui s'y rendaient était beaucoup plus important, tant le lundi de Pâques que le jour de la fête de saint Jean-Baptiste.

En résumé, que de choses ne pourrait-on pas savoir concernant les antiquités de nos contrées, si l'on eût conservé ce vieil ouvrage dont j'ai parlé plus haut!

Malheureusement nos pères n'étaient pas appréciateurs de l'antiquité; il paraîtrait même que ce travers fut commun à tous les habitants de nos montagnes; je vais citer à l'appui deux exemples.

A Cours, on n'a pas su apprécier la beauté et l'antiquité du château d'Estiengue, qui fut un château splendide du siècle de François Ier.

Les propriétaires qui en firent l'acquisition après la révolution de 1793, n'ont pas eu soin de sa toiture; l'eau pluviale et les injures du temps ont détérioré ses murailles, et d'un si beau manoir il ne reste plus que quelques ruines, soutenues par un énorme lierre, qui semble vouloir perpétuer en ce lieu le souvenir de Marguerite, l'infortunée comtesse, souvenir qui ne s'est point encore effacé.

En 1845 on voyait encore un énorme tilleul, à l'ombre duquel elle venait s'asseoir pour réunir les pauvres et leur distribuer ses aumônes, ainsi qu'une allée d'arbres qui conduisaient à la tour noire, séjour si triste de sa captivité.

Enfin, au moment où j'écris ces lignes, des personnes pleines de vie et de santé se souviennent encore avoir vu la chapelle où se célébra son mariage avec Arthur.

Un château d'une antiquité si reculée, conservé à la commune de Cours, n'aurait pu moins faire que d'attirer grand nombre de touristes, et serait aujourd'hui un témoignage des plus touchants souvenirs.

Comme seconde preuve du peu de respect des vieilles traditions, j'affirme avoir vu à Thizy, en 1837, un bénitier en métal de l'église du château ne pas trouver acquéreur; il pouvait contenir deux décalitres d'eau et paraissait être très-ancien : tout porte à croire qu'il devait porter, gravée sur une de ses faces, la légende de quelque seigneur du château.

En 1793 il échappa aux mains des vandales de cette époque néfaste. En témoignage de son antiquité, il était revêtu d'une inscription semblable à celles dont on a coutume de décorer les cloches de nos églises ; la lettre V y servait de U.

Si je n'eusse pas été alors un enfant, je me serais plu à en prendre copie, et cette copie serait aujourd'hui précieusement gardée aux archives de l'église de Thizy, mon pays natal.

Ce beau bénitier fut fondu avec une cloche de cette église pour en augmenter le poids, et disparut ainsi par la volonté d'un curé et d'un conseil de fabrique peu connaisseurs et peu appréciateurs des choses antiques.

L'on peut dire d'eux qu'ils furent loin, dans cette circonstance, de ressembler à Mgr Dupanloup, évêque d'Orléans, d'heureuse mémoire, qui, pendant le cours de sa vie, se montra toujours antiquaire passionné.

Contraste insuffisant
NF Z 43-120-14

www.ingramcontent.com/pod-product-compliance
Lightning Source LLC
Chambersburg PA
CBHW060902050426
42453CB00010B/1540